BEI GRIN MACHT SICH IHR WISSEN BEZAHLT

- Wir veröffentlichen Ihre Hausarbeit,
  Bachelor- und Masterarbeit

- Ihr eigenes eBook und Buch -
  weltweit in allen wichtigen Shops

- Verdienen Sie an jedem Verkauf

Jetzt bei www.GRIN.com hochladen
und kostenlos publizieren

Bibliografische Information der Deutschen Nationalbibliothek:

Die Deutsche Bibliothek verzeichnet diese Publikation in der Deutschen National-bibliografie; detaillierte bibliografische Daten sind im Internet über http://dnb.d-nb.de/ abrufbar.

Impressum:

Copyright © 2000 GRIN Verlag, Open Publishing GmbH
Druck und Bindung: Books on Demand GmbH, Norderstedt Germany
ISBN: 9783638819558

Dieses Buch bei GRIN:

http://www.grin.com/de/e-book/4518/globalisierung-ist-eine-weltanschauung-der-wissensstand-der-deutschen

Michael Krupp

"Globalisierung ist eine Weltanschauung" - Der Wissensstand der deutschen Bevölkerung über wirtschaftliche
Themen

GRIN Verlag

Friedrich-Alexander-Universität Erlangen Nürnberg

Lehrstuhl für Kommunikations- und Politikwissenschaften

Seminar

Wirtschaft in den Medien

Sommersemester 2000

Dipl.-Sozw. Maike Müller

"Globalisierung ist eine Weltanschauung"
Wissensstand Wirtschaft

Michael Krupp

SoWi: Soziologie, Kommunikationswissenschaften, Wirtschaftsinformatik

8. Studiensemester

2. Fachsemester Kommunikationswissenschaften

Bärenschanzstr. 43

90429 Nürnberg

0911 / 2645925

krupp_m@avk.fhg.de

Inhaltsangabe:

Tabellen/Abbildungen:

1. Einleitung

Nach Legislative, Judikative und Exekutive werden die Massenmedien mittlerweile als „neue" vierte Gewalt genannt. Massenmedien erfüllen in der modernen Gesellschaft einen wichtigen Teil öffentlicher Aufgaben. Neben „Willens- und Meinungsbildung" auf Gesellschaftsebene und „Kritik und Kontrolle" auf der Organisationsebene gehört die „Informationsfunktion" auf Individuenebene zu den klassischen politischen Funktionen der Massenmedien. Umfassende Information ist die Basis für die Aufgaben auf der Organisations- und Gesellschaftsebene. Der freie Informationsfluss ist eine Grundlage für eine freiheitlich-demokratische Gesellschaft. Daher ist „die Pressefreiheit und die Freiheit der Berichterstattung durch Rundfunk [und](,) Film"[1]und Presse im Grundgesetz verankert. Durch umfassende, objektive und verständliche Berichterstattung soll den Bürger ermöglicht werden sich eine Meinung zu bilden und sich am politischen Leben zu beteiligen. Diese Aufgabe der Massenmedien ist auch auf den Bereich der Wirschaftsberichterstattung übertragbar. Auch hier ist gute Information die Basis einer fundierten Meinung über Wirtschaftspolitische Entscheidungen. Es wird aber vorallem die Verständlichkeit der Beiträge kritisiert. Ob Medien ihrer Informationsfunktion auch im Bereich Wirtschaft gerecht werden ist fraglich. Der Wissenstand der Bevölkerung über wirtschaftliche Themen kann als Barometer für die Erfüllung dieser Aufgabe betrachtet werden. Allerdings darf dabei nicht vergessen werden, daß auch der beste wirtschaftliche Bericht nicht zum Wissensstand beitragen kann, wenn er mangels Interesse nicht beachtet wird.

Diese Arbeit soll einen Überblick über den Wissenstand der deutschen Bevölkerung in Bezug auf Wirtschaftsfragen geben und das Ergebnis mit der Berichterstattung in Verbindung bringen.

---

[1] Grundgesetz, Artikel 5 „Meinungs- und Pressefreiheit", Absatz 1

2. Wissensstand Wirtschaft

Um einen Einblick in den Wissenstand der Deutschen über Wirtschaftsthemen zu bekommen, werden im folgenden einige Themengebiet herausgegriffen und analysiert. Für die Beispiele soll auch ein Bezug zur Berichterstattung in den Medien hergestellt werden. Art und Umfang von Beiträgen der Medien stehen in engem Zusammenhang mit dem Wissenstand der Deutschen Bevölkerung. Es wird aber auch deutlich, daß nicht nur die Information durch Medien das Wissen über bestimmte Sachverhalte beeinflussen. Der Wissenstand ist also, wie in der Einleitung bereits erwähnt, kein hundertprozentiger Indikator für die Qualität oder Akzeptanz der Wirtschaftsberichterstattung.

2.1. Themenrahmen Globalisierung

Die Globalisierung, als relativ neues Thema in der Wirtschaftsberichterstattung ist ein gutes Beispiel um den Wissenstand der Deutschen darzustellen. Trotz der immensen Bedeutung für die Wirtschaft, wird Globalisierung in den Medien stiefmütterlich behandelt. So tauchen unter den 10 Top Themen der Massenmedien 1999 (vgl. Abb. 1) mit der Europäischen Währungsunion lediglich ein internationales, rein wirtschaftliches Thema auf. Die Entschädigung der NS-Zwangsarbeiter könnte auch dazu gezählt werden, da sie auch Folgen für einige Unternehmen hat. Sie hat aber nur indirekt mit globalen Wirtschaftsfragen zu tun.

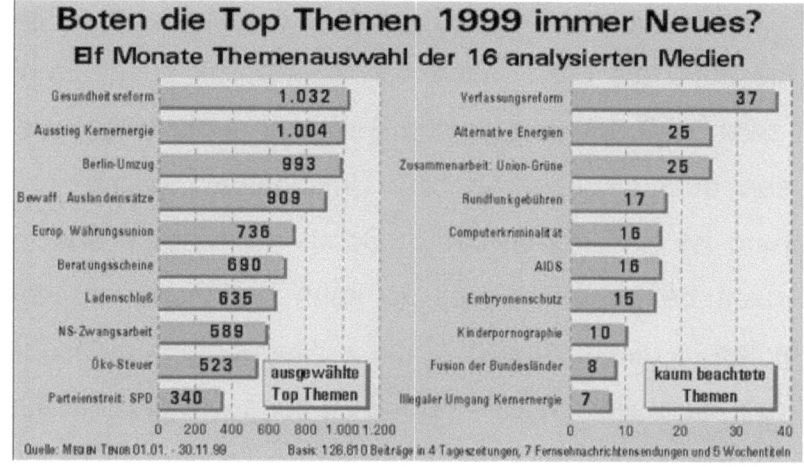

Abb. 1: Top Themen in den Medien 1999[2]

---

[2] Medien Tenor Forschungsbericht 6. Jahrgang Nr.91, 15.12.1999

Hinzu kommt, daß sich die Art und Weise der Berichterstattung verändert hat. So tendiert z.B. die Tagesschau dazu nationale Wirtschaftsthemen mit internationalem Ausmaß auf Kosten rein internationaler Beiträge ausführlicher zu behandeln. Dies gilt sowohl für den Anteil der Beiträge am gesamten Wirtschaftsteil als auch für die Dauer der Beiträge. Allerdings ist der Gesamtanteil der Beiträge mit internationalem Hintergrund zurückgegangen. Wenn man die Sendedauer hinzunimmt kann gesagt werden, daß über weniger internationale Zusammenhänge länger berichtet wird (vgl. Abb. 2)

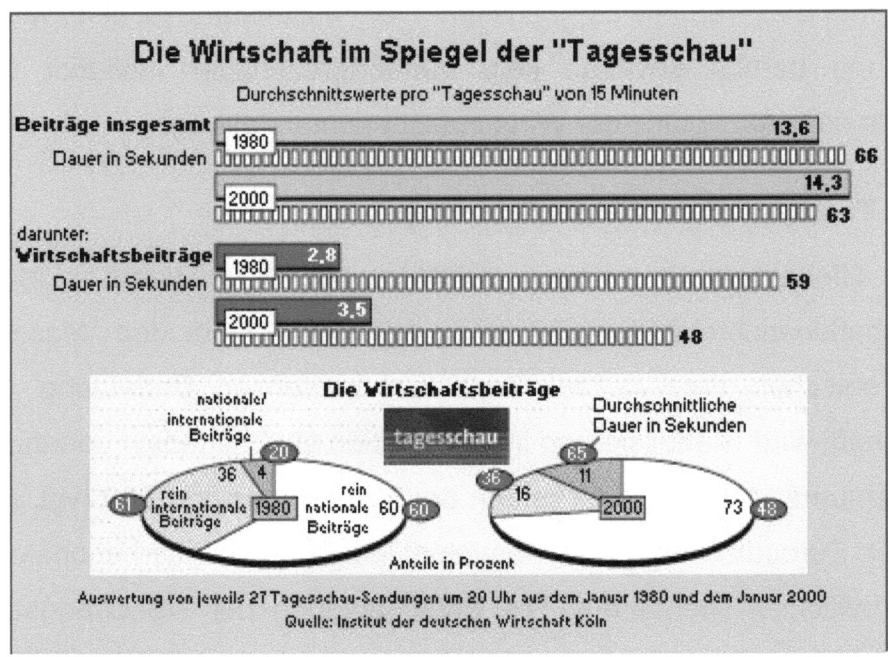

Abb. 2: Die Wirtschaft im Spiegel der Tagesschau[3]

Im gleichen Zeitraum hat sich auch die Plazierung der Wirtschaftsbeiträge verändert. 1980 wurden sie noch über die ganze Sendung gestreut, während sie 2000 als Block nach der Innenpolitik ausgestrahlt werden. Das zeigt zwar, daß der Sender den Beiträgen mehr Wichtigkeit beimißt, es macht aber auch gezieltes Ab- bzw. Umschalten möglich.

Globalisierung ist ein Thema, das in Schulen bis heute eher am Rande oder gar nicht betrachtet wurde. So kann angenommen werden, daß Massenmedien diesbezüglich die Hauptinformationsquelle der Bundesbürger darstellen. Wie in Abb. 3 zu sehen ist gaben 1998 über die Hälfte der Befragte an, von Globalisierung wenig oder gar keine Ahnung

---

[3] Informationsdienst des Instituts der deutschen Wirtschaft Köln, Ausg. Nr.9, 2.03.2000, Jahrg. 26, S.2

zu haben. Ein Unterschied zwischen Ost und West ist quasi nicht vorhanden. Allerdings scheint die Erwerbstätigkeit Einfluß auf das Interesse an dieser Thematik zu haben. Erschreckend hoch ist, vorallem bei der Gesamtbetrachtung der Anteil der völlig Desinteressierten. Hier ist allerdings problematisch, daß Personen, die sich nicht geäußert haben, ebenfalls zu Desinteressierten gezählt wurden.

Globalisierung: Information tut not
in Prozent der Befragten

Soviel Prozent der Befragten sind über die Globalisierung	insgesamt		darunter: Berufstätige	
	West	Ost	West	Ost
... sehr gut informiert	3,3	1,0	4,4	2,8
... gut informiert	26,7	27,9	34,2	38,5
... weniger gut informiert	33,4	34,3	33,7	36,7
... gar nicht gut informiert	17,4	16,1	15,1	13,6
... Thema interessiert gar nicht so sehr	19,1	20,6	12,6	8,3

Thema interessiert gar nicht so sehr: einschließlich keine Angaben;
Quelle: IW-Umfrage bei 2.505 Bundesbürgern im Frühjahr 1998
Institut der deutschen Wirtschaft Köln

Abb. 3: Globalisierung: Information tut not[4]

Aus der Grafik geht nicht hervor das Alter, Einkommen und Bildung auch relevant für die Antworten waren. So sind ältere Menschen weniger über weltwirtschaftliche Zusammenhänge informiert als junge. Ebenso spielt das Einkommen eine rolle, Menschen mit mehr Einkommen legen auch mehr Wert auf gute Information über globale Wirtschaftsereignisse. Auch der Bildungsgrad beeinflußt das Ergebnis. Innerhalb der Akademiker und Abiturienten halten sich 66% für „gut" oder „sehr gut informiert. Bei Befragten mit Volks- oder Hauptschulabschluß liegt dieser Anteil bei 22%[5]. Für weitere Betrachtung empfiehlt sich auch der Blick auf die Erwartungen die Bürger an die Globalisierung haben. Globalisierung wird in allen Medien kontrovers diskutiert. Zunehmend werden auch kritische Stimmen laut. Die Größten Differenzen liegen dabei zwischen den radikalen politischen Lagern und der politischen Mitte. So ist z.B. von Vertreten der

---

[4] Informationsdienst IWD – Online, „Globalisierung – Die große Unbekannte",
http://www.iwkoeln.de/IWD/I-Archiv/iwd41-98-4.htm; 29.06.00; 13:15

[5] ebenda

äußersten linken zu hören, Globalisierung sei eine Erfindung der Arbeitgeber um Tariflöhne zu drücken. Allerdings haben sich auch ehemalige Befürworter und Gewinner der globalen Wirtschaftsordnung inzwischen kritisch geäußert. George Soros z.B., der mit Währungsspekulationen ein Vermögen verdient hat und inoffizieller Wirtschaftsberater des US Präsidenten ist, warnt in seinem Buch „Die Krise des Globalen Kapitalismus" eindringlich vor den Risiken des freien Kapitalflusses und fordert Regulierungsmaßnahmen.[6] Diese Diskussion, ob Globalisierung nun „Fluch oder Segen" für die Deutsche Wirtschaft spiegelt sich auch in den Erwartungen der Bevölkerung wider (vgl. Abb. 4).

Globalisierung: Die meisten sehen schwarz

in Prozent der Befragten

Soviel Prozent der Befragten erwarten infolge der Globalisierung für Deutschland	insgesamt		darunter: Berufstätige	
	West	Ost	West	Ost
... mehr Arbeitslosigkeit, weniger soziale Leistungen und Löhne	53,6	62,9	55,1	63,6
... neue Ideen und Produkte, mehr Wettbewerbsfähigkeit und neue Arbeitsplätze	25,3	16,2	28,5	24,2
... nichts davon	21,1	20,8	16,5	12,2

Nichts davon: einschließlich keine Angabe;
Quelle: IW-Umfrage bei 2.505 Bundesbürgern im Frühjahr 1998
Institut der deutschen Wirtschaft Köln

Abb. 4: Globalisierung: Die meisten sehen schwarz[7]

Hier besteht ein klarer Zusammenhang mit dem Wissenstand der Befragten. Von den „gar nicht gut informierten" Befragten glaubten nur ca. 20% an positive Auswirkungen der Globalisierung auf die Deutsche Wirtschaft. Bei „sehr gut Informierten" liegt dieser Anteil bei fast 56%. Es kann also gesagt werden: je höher der Wissensstand ist, desto optimistischer fällt die Erwartung aus.

---

[6] Soros, George, „ Die Krise des Globalen Kapitalismus", Alexander Fest Verlag, Berlin 1998

[7] Informationsdienst IWD – Online, „Globalisierung – Die große Unbekannte", http://www.iwkoeln.de/IWD/I-Archiv/iwd41-98/i41-98-4.htm; 29.06.00; 13:15

Eine Umfrage des Instituts für Demoskopie in Allensbach belegt allerdings, daß auch andere Faktoren Einfluß auf den Wissenstand haben. Ähnlich wie in Abb. 2 fällt auch hier die Frage nach dem Wissen über Globalisierung aus (vgl. Abb. 5). Bei den anschließenden Fragen stellt sich allerdings heraus, daß Fremdsprachenkenntnisse und Reisefreudigkeit (gemeint sind Reisen in nichteuropäische Länder) positiv mit der Information über Globalisierung korrelieren. Allerdings sind dies wohl eher Indikatoren für das Interesse an internationalen Themen generell, also auch an globalen Wirtschaftsberichten. Das kann daran liegen, daß Menschen die mehr bzw. weiter reisen oder eine Fremdsprache sprechen, sich allgemein mehr für fremde Kulturen und Gesellschaften interessieren. Oder es liegt daran, daß sie sich über Belange des Landes, dessen Sprache sie sprechen bzw. das ihr Reiseziel ist, informieren. Dies würde aber auch bedeuten, daß internationale Berichterstattung in den Massenmedien durchaus gut ist, aber zu wenig beachtet wird. Der Hund wäre dann bei der mangelnden Motivation für Information begraben. Also ist die Aufgabe der Medien nicht eine Verbesserung der Information sondern interessantere Darstellungsweise oder besserer Bezug auf Zusammenhänge, die auch weniger interessierte Bürger direkt ansprechen.

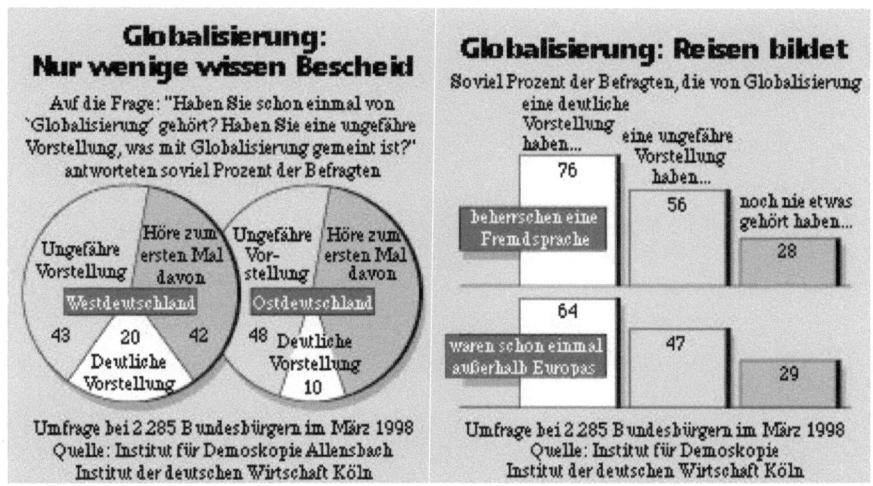

Abb. 5: Globalisierung: Nur wenige wissen Bescheid / Reisen bildet[8]

Eine Studie der Universität Koblenz-Landau beschäftigt sich speziell mit dem Wirtschaftswissen junger Erwachsener im Alter von 17-27 Jahren.

---

[8] Informationsdienst IWD – Online, „Globalisierung – Wenig Ahnung, viele Ängste", http://www.iwkoeln.de/IWD/I-Archiv/iwd22-98/i22-98-8.htm; 29.06.00; 13:16

Zwar ist der Informationsstand besser als in der Gesamtbevölkerung, er weist aber dennoch erhebliche Mängel auf. Gerade bei dem Thema Globalisierung fallen starke Wissenslücken auf (vgl. Abb.6). „Globalisierung ist eine Weltanschauung" als schlechteste Antwort auf die Frage nach dem Inhalt des Wortes Globalisierung, ist in einem philosophischen Kontext zwar durchaus richtig, es müssen aber die Bedingungen dieser Befragung beachtet werden.

Abb. 6: Wirtschaft im TV: Was junge Leute wissen[9]

Allen Teilnehmern wurde vor der Befragung eine Videoband mit einer Auswahl an Wirtschaftssendungen und -beiträgen verschiedener TV-Sender gezeigt (vgl. Tab. 1)

---

[9] Informationsdienst IWD – Online, „Wirtschaft im TV – Lauter böhmische Dörfer", http://www.iwkoeln.de/IWD/I-Archiv/iwd20-98/i20-98-4.htm; 29.06.00; 13:26

Sende-anstalt:	Sendung:	Tag der Ausstrahlung	Länge des Ausschnittes	Thema:
ZDF	WISO	07.04.1997	03:08 min	Auslandsinvestitionen deutscher Unternehmen am Bsp. Bayer-AG
ARD	Morgenmagazin	16.05.1997	01:24 min	Aktuelles Tagesgeschehen; Steuerschätzung; Börsennachrichten
ARD	Tagesschau	28.05.1997	02:07 min	Frühjahrstagung der Weltbank und des IWF; Waigel zur Steuerreform
RTL	RTL-aktuell	22.04.1997	03:28 min	Steuergipfel; Gutachten der „Wirtschaftsweisen"; Arbeitsmarktprognose; Interview mit Lafontaine; Schaltgespräch mit Bonner Korrespondenten
3 Sat	3 Sat Börse	18.04.1997	01:20 min	Cybernet geht an die Computerbörse; Bericht über wirtschaftliche Situation der Fa. Rinol
ARD	Presseclub	13.04.1997	09:27 min	Diskussion über: Lohnkostensenkung; Vorreiterrolle der öffentlichen Dienstes; Deregulierung; Sozialstaat; Vorbild USA

Tab. 1: Auswahl der Wirtschaftssendungen und -beiträgen verschiedener TV-Sender auf Video[10]

Die Fragen wurden also gezielt in einen wirtschaftlichen Zusammenhang gebracht. Aber nicht nur der Begriff an sich waren größtenteils unbekannt, sondern auch grundlegende Bedeutungszusammenhänge wurden nicht genannt. Über 90% der Jugendlichen dachten bei Globalisierung weder an Weltweite Verfügbarkeit und Vernetzbarkeit von Information noch an technisch-zivilisatorischen Fortschritt[11].

---

[10] Josef Klein, Iris Meißner, „Wirtschaft im Kopf" Peter Lang Verlag, Frankfurt am Main 1999; S. 18

[11] Ebd., S. 76

Es wurde auch nach einer Bewertung der Sendebeiträge gefragt. Dabei galten 37,6% der Bewertungen den behandelten Sachthemen und 62,4% bezogen sich auf andere Aspekte, wie Personenmerkmale, Sprachstil, Layout etc.). Die Aufmerksamkeit der Befragten galt also nicht primär den Thematischen Inhalten, sondern den übrigen Sendungselementen. Auch dies deutet darauf hin, daß es an Interesse mangelt.

Wie der Abb. 6 zu entnehmen ist, läßt auch das Wissen über andere Wirtschaftsthemen zu wünschen übrig.

2.2. Themenrahmen Börse

Bei der Frage nach der Rendite einer Aktie waren 33% der Antworten unbefriedigend. Auch fehlten bei den Erklärung wichtige Bedeutungselemente. So wurde die „Ausschüttung von Dividenden" nur von 28,9% als wichtiges Kriterium der Rendite einer Aktie genannt. „Kurssteigerung" wurde von 79,6% der Befragten nicht erwähnt und die „effektive Verzinsung des eingesetzten Kapitals" wurde mit 94,2% fast gar nicht genannt[12].

Ob das bessere Wissen über die Rendite einer Aktie im Vergleich mit Globalisierung durch andere oder bessere Berichterstattung hervorgerufen wurde ist fraglich. Es muß bedacht werden, daß es sich bei den Befragten um junge Menschen handelt deren Schulzeit nicht lange zurückliegt. Börse ist aber ein Thema aller Wirtschaftslehrpläne. Die Vermutung, daß das Wissen aus den Schulen und nicht aus den Medien kommt, liegt also nahe. Dem gegenüber steht der enorme Boom der Börsen. Was zu einer Informationsflut zu diesem Thema seitens der Medien geführt hat. Insbesondere ältere Befragte zwischen 20 und 27 sind potentielle Aktionäre, also vielleicht auch eher interessiert an entsprechenden Themen.

Interessant ist auch, daß einige grundlegende Begriffe die mit dem Börsengeschehen in Verbindung stehen nicht bekannt waren. Hier ist eine numeral-statistische Auswertung nicht möglich, da die Daten aus offen Interviews stammen. So waren Begriffe wie „Dow Jones", „Internationaler Währungsfond" oder „G7-Staaten" weitestgehend unbekannt.

---

[12] Ebd.; S. 80

Logischerweise steigt die Unwissenheit bei Fachbegriffen wie „Fertigungstiefe" oder „Platow-Brief"[13] noch an.

2.3. Themenrahmen Standortfaktoren

Auch bei der Frage nach Standortfaktoren fielen die Antworten unbefriedigend aus. Zwar konnten 80% der Teilnehmer den Begriff sinnvoll definieren, aber dennoch ließen 68% Einflußgrößen wie „Staatlich gesetzte Rahmenfaktoren" und „Marktgeschehen" unbeachtet. Bildung und Mentalität blieben mit über 92% fast ganz außen vor. Interessant ist, daß 65% der Befragten lokalen oder regionalen wirtschaftsgeographischen/infrastrukturellen Faktoren (wie Verkehrsanbindung) die größte Beachtung zukommen ließen.

Auch hier kann ein Bezug zur Berichterstattung festgestellt werden. Standortfaktoren werden meist in Zusammenhang mit Investitionen behandelt. Der in Abbildung 7 aufgezeigte Mangel an Berichterstattung über Investitionen bezieht sich zwar auf das Jahr nach der Befragung, es kann aber angenommen werden, daß sich in der Berichterstattung wenig gändert hat. Die starken Schwankungen der Investitionen 1998 haben, wenn überhaupt eher eine verstärkte Berichterstattung nach sich gezogen. Allerdings fällt auch hier auf, daß trotz geringer Beachtung der Infrastruktur durch die Massenmedien diese sehr wohl als ein wichtiger Bestandteil der Standortfaktoren genannt wurden. Ob dies am direkten Betroffenheit der Befragten vom Veränderung der Infrastruktur liegt, oder ob andere Gründe dazu führen, ist reine Spekulation. Eindeutig ist aber daß häufige Thematisierung in den Medien nicht der Grund sein kann.

---

[13] Josef Klein, Iris Meißner, „Wirtschaft im Kopf" Peter Lang Verlag, Frankfurt am Main 1999; S. 81

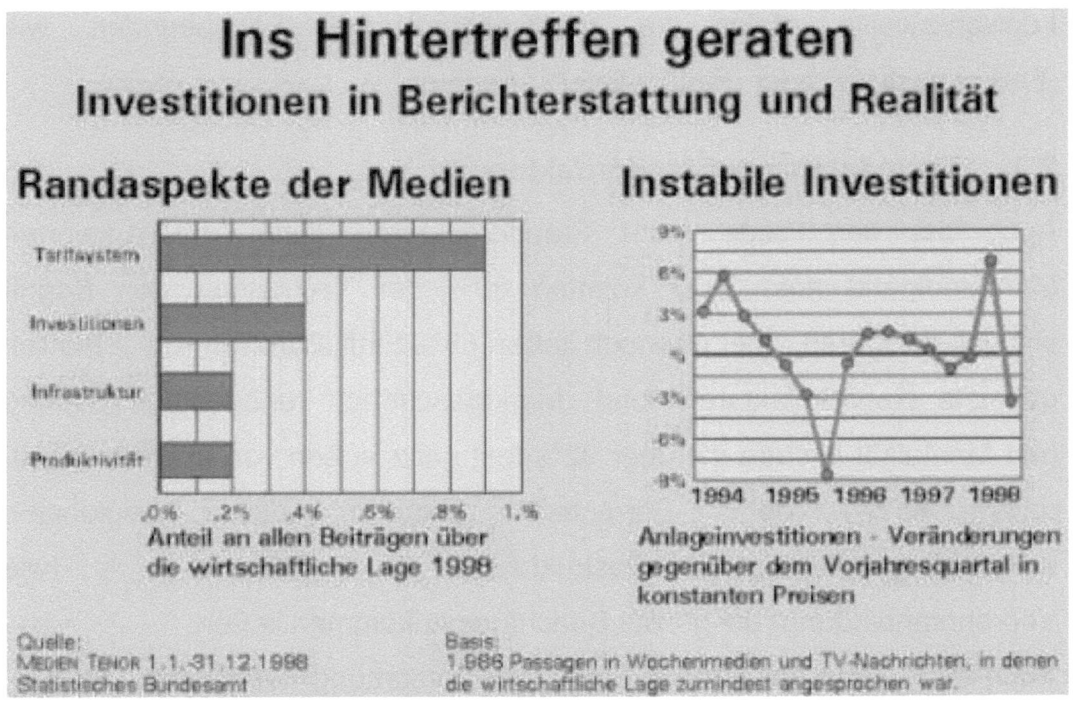

Abb. 7: Investitionen in der Berichterstattung[14]

2.4.   Zusammenfassung

Scheinbar wird den Themen um so mehr Beachtung geschenkt desto offensichtlicher sie die Befragten direkt betreffen. Globalisierung ist für Einzelpersonen ein relativ abstrakter Begriff, aber Wettbewerb wirkt sich über Preissenkungen auf jeden Einzelnen direkt aus. Daß beide Begriffe sehr eng miteinander verknüpft sind scheint nicht bewußt zu sein. Hier wird auch die eigentliche Problematik deutlich. Der schlechte Wissenstand verursacht einen Teufelskreis. Die gefragten Begriffe tauchen sehr häufig in Nachrichten auf und werden meist als bekannt vorausgesetzt. Allerdings führt die offensichtlich mangelhafte Kenntnis über diese Begriffe und den dahinterliegenden Sachverhalt zu Miß- oder Nichtverstehen der Beiträge. Damit könnte wiederum das geringe Interesse an diesen Themen begründet werden, denn wer hört/sieht sich schon gerne etwas an, das er/sie nicht versteht.

Es scheint schwierig diesen Teufelskreis zu durchbrechen. Ein möglicher Ansatz wäre das Angebot von Wirtschaftsnachrichten mit anhängenden Basisinformationen. Diese Idee ist im Bereich von Computer Fachzeitschriften bereits umgesetzt. So wird in der Zeitschrift

---

[14] Medien Tenor, Forschungsbericht 6. Jahrg. Nr. 81, 15.02.1999

„Computerbild" jeder Fachbegriff extra erklärt. So könnte eine Wissensbasis für Wirtschaftsthemen geschaffen werden aus der heraus mehr Interesse für diese Themen entsteht.

2.5. Wissensgewinn durch das Internet ?

Das Internet wird mittlerweile als „Allheilmittel" gegen Informationsdefizite gehandelt. Aber ob es wirklich geeignet ist als Wissensbasis im Bereich Wirtschaft zu fungieren ist nicht klar. Das Informastionsangebot zum Wirtschaftsthemen im Internet ist enorm. Diese Tatsache allerdings ist gleichzeitig das Problem. Unter der Flut an Angeboten auswählen zu können ist mittlerweile sehr wichtig geworden. Problematisch ist vor allem, daß im Internet eine „Anarchie der Information"[15] herrscht. Jeder Nutzer kann alle Arten von Informationen oder Fehlinformationen frei verbreiten. Das Auffinden von Relevanten Informationen und die Trennung zwischen hilfreichem Wissen und „Paranoia"[16] ist das eigentliche Know How, das nötig ist um das Netz sinnvoll nutzen zu können. Norbert Bolz schließt: „Unsere Probleme resultieren nicht aus Mangel an Wissen, sondern an Orientierung; wir sind konfus, nicht ignorant"[17]. Wenn man die falschen Antworten der befragten Jugendlichen betrachtet kann dem nicht widersprochen werden. Alle scheinen schonmal von den gefragten Begriffen gehört zu haben, können aber die eigentliche Bedeutung nicht wiedergeben. Auch die starke Beachtung der nicht-themenbezogenen Sendungsinhalte könnte mit einer Informationsüberflutung begründet werden. Da allerdings keine Daten über die Interneterfahrungen der Befragten vorhanden sind, ist dies eine vage Interpretation. Auch kann Norbert Bolz seine Aussagen nicht auf empirische Daten stützen. Es scheint aber dennoch sinnvoll das Internet als Wissenslieferant kritisch zu hinterfragen.

---

[15] Bolz, Norbert „Wirklichkeit ohne Gewähr"; Spiegel Nr. 26; 26.06.2000; S.130

[16] Ebd.

[17] Ebd.

3. Fazit

Obwohl es nur wenige Untersuchungen zum Thema „Wissenstand der deutschen Bevölkerung" gibt, ist deutlich zu erkennen, daß insbesondere in Belangen der Wirtschaft, enorme Defizite auftreten. Die Schuld ist jedoch nicht ausschließlich bei den Medien zu suchen. Wie aufgezeigt wurde tragen auch andere Faktoren zu diesem Mißstand bei. Bildungseinrichtungen und Politik sind ebenfalls gefragt wenn es darum geht dieses Problem zu lösen. Deutschland muß in Zukunft verstärkt auf das Know How seiner Arbeitskräfte Bauen. „Wissen wird zum Rohstoff"[18] und gilt schon jetzt als entscheidender Standortfaktor. Um die aufgezeigten Defizite zu verringern müssen alle Beteiligten an einem Strang ziehen. Nur so kann die Bundesrepublik im Wettbewerb um Investitionen im Zuge der Globalisierung bestehen.

---

[18] Mosdorf, Siegmar; Interview mit Spiegel- Online; 11.11.1998;
http://www.spiegel.de/netzwelt/politik/0,1518,13669,00.html; 10.07.00; 14:11

Quellenangabe:

Bolz, Norbert „Wirklichkeit ohne Gewähr"; Spiegel Nr. 26; 26.06.2000; S.130

Grundgesetz, Artikel 5 „Meinungs- und Pressefreiheit", Absatz 1

Informationsdienst des Instituts der deutschen Wirtschaft Köln, Ausg. Nr.9, 2.03.2000, Jahrg. 26, S.2

Informationsdienst IWD – Online
- „Wirtschaft im TV – Lauter böhmische Dörfer",
- http://www.iwkoeln.de/IWD/I-Archiv/iwd20-98/i20-98-4.htm;29.06.00; 13:26

- „Globalisierung – Wenig Ahnung, viele Ängste",
- http://www.iwkoeln.de/IWD/I-Archiv/iwd22-98/i22-98-8.htm; 29.06.00; 13:16

- „Globalisierung – Die große Unbekannte",
- http://www.iwkoeln.de/IWD/I-Archiv/iwd41-98/i41-98-4.htm; 29.06.00; 13:15

Josef Klein, Iris Meißner, „Wirtschaft im Kopf" Peter Lang Verlag, Frankfurt am Main 1999; S. 81

Medien Tenor,

- Forschungsbericht 6. Jahrg. Nr. 81, 15.02.1999

- Forschungsbericht 6. Jahrg. Nr.91, 15.12.1999

Mosdorf, Siegmar; Interview mit Spiegel- Online; 11.11.1998; http://www.spiegel.de/netzwelt/politik/0,1518,13669,00.html; 10.07.00; 14:11

Soros, George, „ Die Krise des Globalen Kapitalismus – Offene Gesellschaft in Gefahr", Alexander Fest Verlag, Berlin 1998

Weiterhin sollten sich in jeder Etage Handfeuerlöscher befinden und im Erdgeschoss ein Erste-Hilfe-Kasten. Die Fluchtwege sollten über eine Notbeleuchtung verfügen, die akkugespeist betrieben wird, um bei einem Stromausfall weiterhin den Rettungsweg zu beleuchten.

6. Anlagentechnik

Die Treppenräume als Teils der Fluchtwege müssen rauchfrei gehalten werden, dafür müssen – falls nicht vorhanden – zwei Lichtkuppeln im Dachgeschoss in den Treppenhäuser installiert werden, die im Brandfall von der RWA-Anlage angesteuert werden und sich öffnen. Die geometrische Abzugsfläche muss 5% der Grundfläche des Treppenraumes betragen (aber mindestens 1m²), bei dem Mustergebäude ergeben sich 1,39m². Eine Nachströmung muss über die Türen im Erdgeschoss ermöglicht werden, diese sollten sich also mittels eines elektrischen Antriebs öffnen oder aber die Feuerwehr öffnet sie. Weiterhin sollten Druckknopfmelder am Eingang und im zweiten Fluchttreppenhaus installiert werden, die dann manuell ausgelöst werden. Die RWA-Zentrale ist bestenfalls im Dachgeschoss zu installieren und muss akkugepuffert ausgeführt werden. Sie sollte deshalb im Dachgeschoss sitzen, da dann lange Kabelwege und somit hohe Ströme vermieden werden. Dadurch sind geringere Kabelquerschnitte nötig.

Bei der Brandmeldeanlage kann man sich für eine von zwei Varianten entscheiden:

- Teilschutz: nur Fluchtwege, Treppenräume und Flure überwachen
- Vollschutz: wie Teilschutz plus Melder mit Alarmierung in jedem Raum, außer den Nassräumen.

Durch die hohen Brandlasten in der Druckerei und dem Fotolabor wird sich für den Vollschutz entschieden.

Ein Rauchmelder kann circa 80m² Fläche überwachen, wenn er raumhoch angebaut wird, daher wird in jedem Raum ein Melder inklusive Sirene im Meldersockel installiert. Man kann sich zwischen optischen Meldern, die Rauch detektieren oder thermischen Melder, welche Wärme detektieren, entscheiden. Es existieren auch aber auch noch Streckenmelder. Im Gebäude kommen aufgrund des Grundrisses und der Flächen 43 optische Rauchmelder und jeweils 10 Druckknopfmelder für BMA und RWA zum Einsatz. Da vor allem im Druckraum ein hoher Geräuschpegel vorliegt, muss mittels einer Schalldruckpegelmessung nachgewiesen werden, dass 10dB zwischen dem Grundpegel und dem Alarmierungspegel liegen. An eine Meldegruppe kann man maximal vier Räume bringen, daher ergeben sich 8 Meldelinien mit 4 bis 6 Meldern pro Gruppe. Weiterhin gibt es 4 Meldegruppen für die Druckknopfmelder. Neben den Meldern muss im Gebäude ein Schild mit der Meldegruppe und der Meldernummer neben dem Melder angebracht werden, damit die Feuerwehr erkennt, welcher Rauchmelder ausgelöst hat.

Die Brandmeldezentrale kann am besten im Lager im Erdgeschoss untergebracht werden, da dieser im Eingangsbereich liegt, an der Tür muss allerdings eine Kennzeichnung mit der Aufschrift „BMZ" angebracht werden. Die Tür sollte als F90 ausgeführt sein. Mit einer Übertragungseinheit kann man eine Aufschaltung auf die Feuerwehrzentrale ermöglichen, welche dann bei einem Brand direkt alarmiert wird.

Im Eingangsbereich an der rechten Seite kann das Feuerwehrinformations- & Bediensystem installiert werden. Dies ist ein Anzeigetableau auf dem man sieht welcher Melder ausgelöst hat. Dementsprechend kann die Feuerwehr dann eine Laufkarte ziehen und findet den Weg zum auslösenden Melder.

An der Außenfassade sollte der Feuerwehrschlüsselkasten installiert werden, dieser kann nur von der Feuerwehr geöffnet werden und enthält den Gebäudegeneralschlüssel, so dass jeder Raum im Brandfall gewaltfrei betreten werden kann. Weiterhin sollte an der Außenwand eine Blitzleuchte installiert werden, die auf den Brand und den Schlüsselkasten hinweist. Man kann aber auch eine Depotsäule verwenden, falls das Gelände mit einem Zufahrtstor verschlossen wird. Zum Feuerwehr-schlüsseldepot gehört ein Freischaltelement, welches der Feuerwehr die Ansteuerung des Depots bei nichtalarmierender BMA ermöglicht.

Komponente	Anzahl	Ort
Druckknopfmelder RWA	10	EG – 3. OG an Ausgängen und Treppenräumen
Druckknopfmelder BMA	10	EG – 3. OG an Ausgängen und Treppenräumen
Rauchmelder mit Sirene	43	in allen Räume außer Nassräume
Übertragungseinheit	1	im Lager im Erdgeschoss
Schlüsseldepot	1	an Fassade neben Eingang
Blitzleuchte	1	an Fassade neben Eingang
Freischaltelement	1	an Fassade neben Eingang
Feuerwehrinformationssystem	1	im Windfang an Wand
Brandmeldezentrale	1	im Lager im Erdgeschoss
RWA-Zentrale	1	Im Dachgeschoss

Tabelle 3: Komponenten der BMA und RWA-Anlage

Ergänzend soll erwähnt werden, dass eine Piktogrammbeleuchtung der Fluchtwegzeichen und eine Notbeleuchtung der Fluchtwege und Treppenräume ausgeführt werden kann. Diese versorgt dann auch bei Stromausfall die elektrische Notbeleuchtung. Hierfür kann man eine Zentralbatterie verwenden, die alle Lampen speist oder die Batterien sitzen dezentral in jeder Lampe. Bei abgehängten Decken kann es notwendig sein, dass sich in der Zwischendecke ebenfalls Melder befinden, die für die Wartung über Revisionsöffnungen erreicht werden können. Bei Durchbrüchen für Rohre und Kabel in Brandwänden ist darauf zu achten, dass die Brandschottung fachgerecht erfolgt.

7. Organisatorischer Brandschutz

Im Gebäude müssen Rettungspläne in den Fluren und Treppenräumen angebracht werden. Weiterhin muss die Brandschutzordnung an einem zugänglichen Bereich aufgehängt werden. Außerdem muss ein Brandschutzbeauftragter ernannt werden. Wie bereits unter Abschnitt 5 erwähnt können im Gebäude Handfeuerlöscher angebracht werden. Die BMA und RWA-Anlage muss einmal pro Jahr gewartet werden und 3-mal pro Jahr inspiziert werden. Die Installation und Wartung, sowie Inspektion darf nur von einem nach DIN ISO 9001 zertifizierten Fachunternehmen ausgeführt werden.

8. Literaturverzeichnis

[1]   **Wikipedia** Wikipedia [Online]. - 13. Juli 2011. - http://de.wikipedia.org/wiki/Brandschutz.

[2]   **Mierke Klaus** Seminarunterlagen Brandschutz // Schutzziele/Baustoffe und Bauteile. - Kassel : [s.n.], 2011.

[3]   **Knauf** Brandverhalten von Baustoffen und Bauteilen [Journal]. - 2010.

[4]   **Prof. Dr. Fontana Mario** Möglichkeiten des Brandschutzes in intelligenten Gebäuden [Präsentation]. - Zürich : [s.n.], 2010.

9. Abbildungsverzeichnis

[0]   Abbildung auf Deckblatt: http://img.directindustry.de/images_di/photo-g/brandschutz-schiebetur-mit-fluchtweg-funktion-254853.jpg   (13.07.2011)

[1]   siehe Literaturverzeichnis [4]   (13.07.2011)

[2]   selbst erstellt nach DIN 4102 Teil 1   (13.07.2011)

[3]   Google Earth   (13.07.2011)

9. Anhang

- Plan für baulichen Brandschutz
- Plan für die Rettungswegauslegung
- Plan für die BMA und RWA

Baulicher Brandschutz

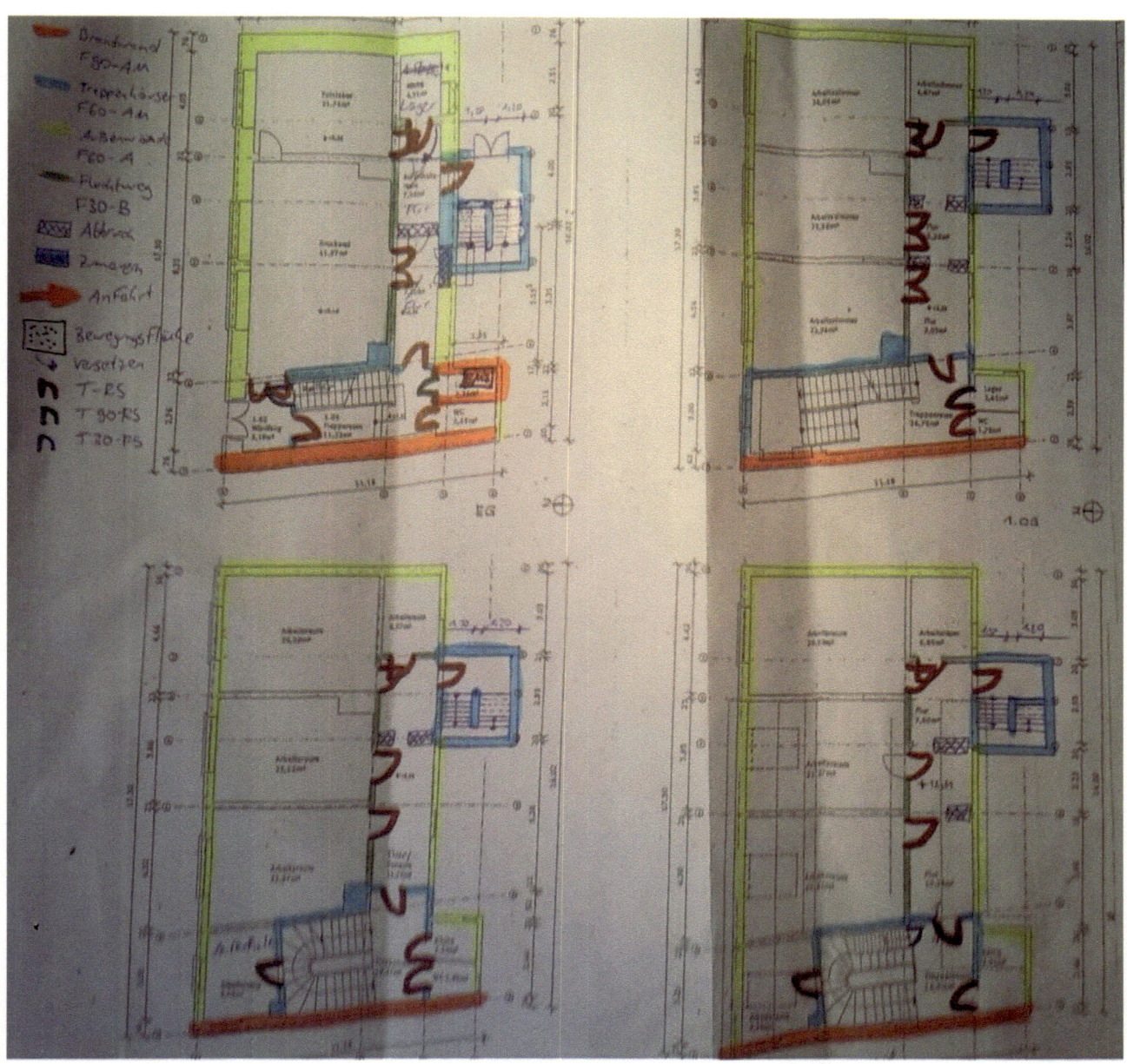

Fluchtwegplanung

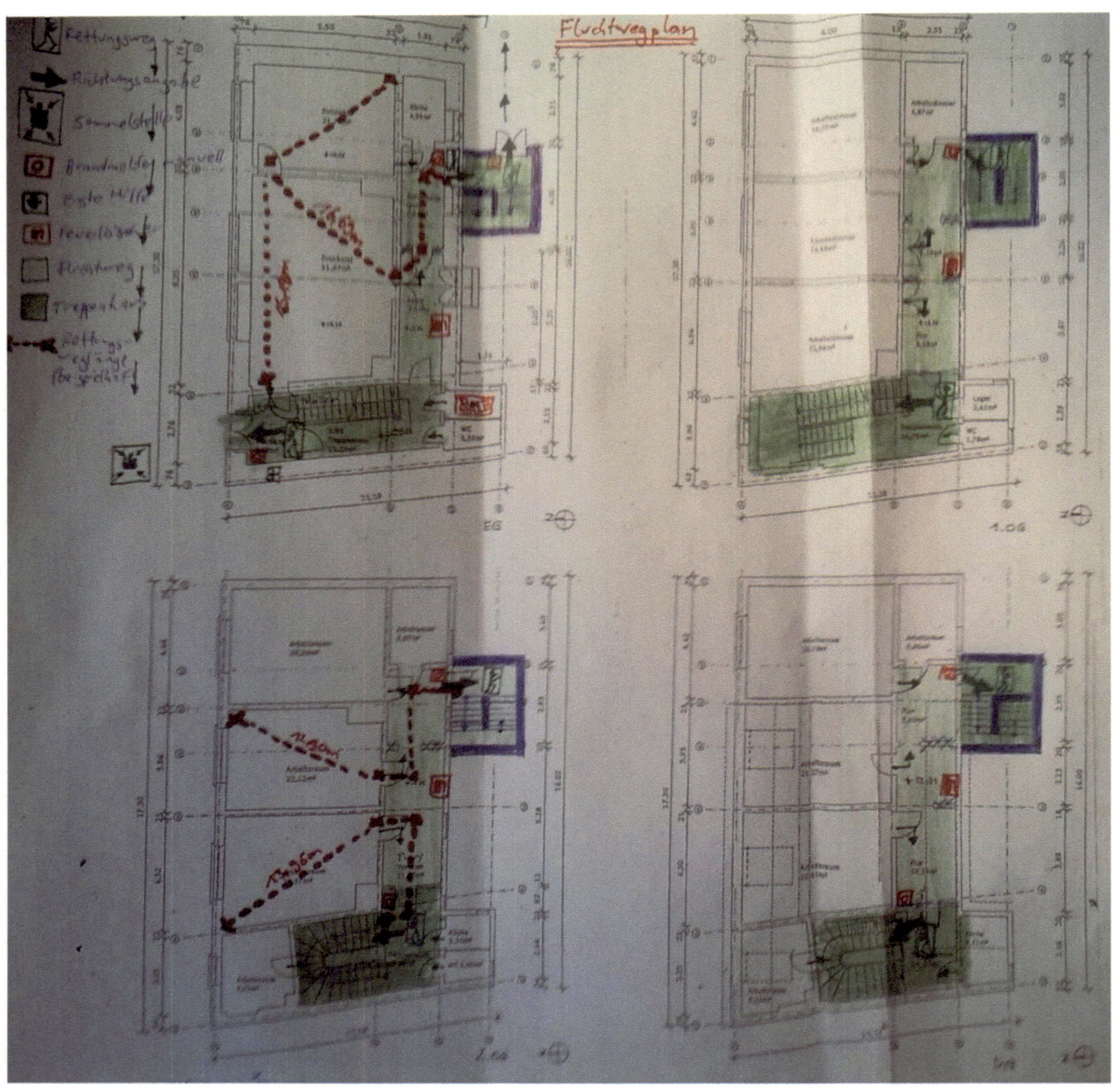

Brandmeldeanlage

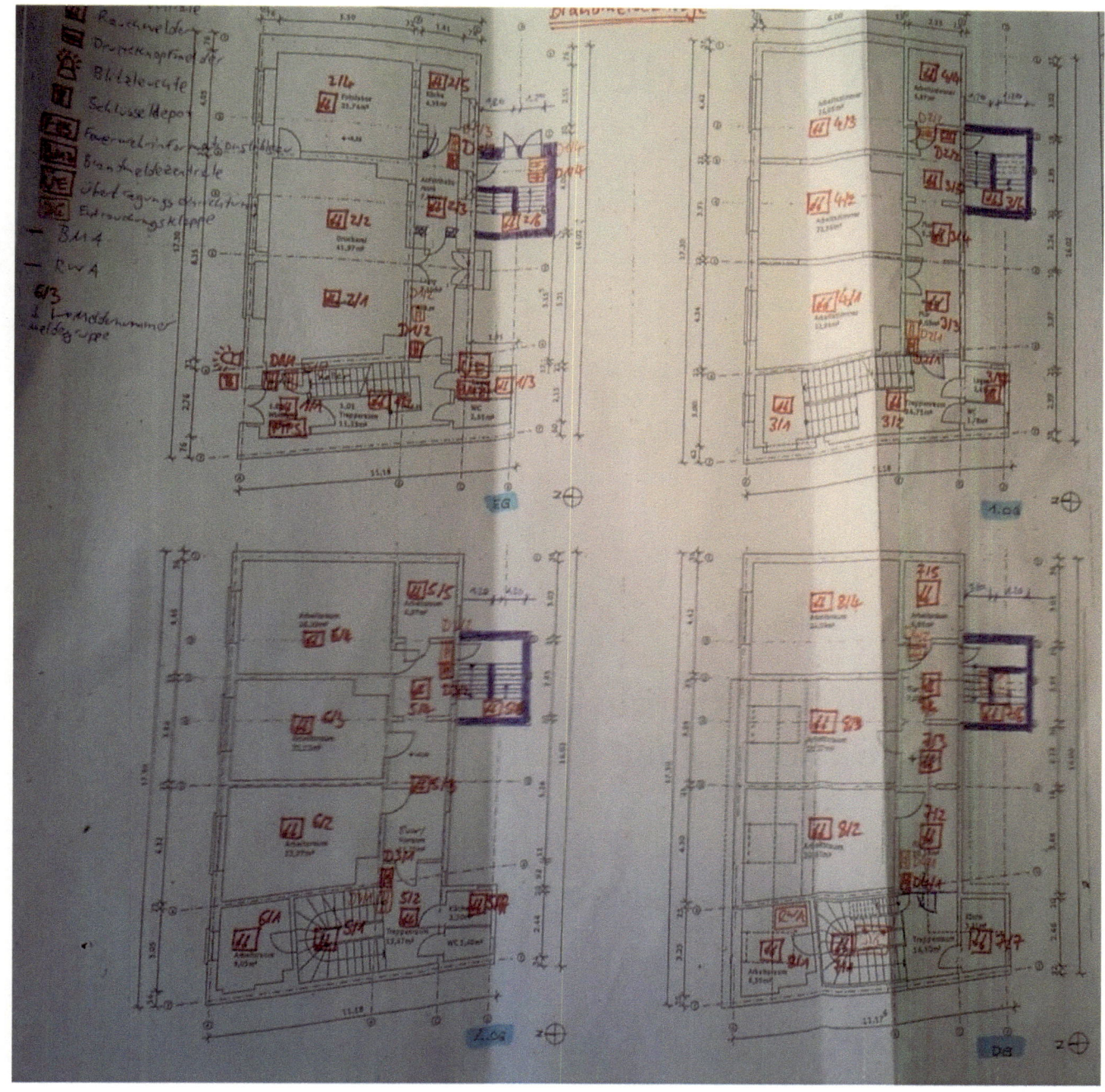